Grundschule

Gabriela Rosenwald

Lapbook Jahreszeiten

Den Jahreslauf kreativ erarbeiten

www.kohlverlag.de

Lapbook Jahreszeiten

Den Jahreslauf kreativ erarbeiten

1. Auflage 2024

Idee und Text: Gabriela Rosenwald
Coverbilder: © inbevel – AdobeStock.com
Redaktion: Kohl-Verlag
Grafik & Satz: Kohl-Verlag
Druck: Druckerei Flock, Köln

Bestell-Nr. 13 013

ISBN: 978-3-98841-039-9

Bildquellen: © AdobeStock.com

S. 2: Africa Studio; **S. 3:** natbasil; **S. 5:** flowerstock; **S. 6:** godesignz; **S. 8:** inbevel; **S. 9:** blueringmedia (2x); **S. 10:** ValGraphic, Andrew Ink; **S. 11-32:** luliia; **S. 11:** Pakon (4x); **S. 12:** kolonko, designua; **S. 13:** nataka (4x), justaa, designua; **S. 14:** tigatelu; **S. 15:** krissikunterbunt (2x), Studio Barcelona, Santy Valdes; **S. 16:** alex_aldo; **S. 17:** Yuliia, pk74, Zhanna; **S. 18:** Gummy Bear, ksena32 (2x), Rhönbergfoto, ventura; **S. 19:** asvitt, drubig-photo; **S. 20:** Artranq, Dianne, asvitt, Peter Hermes Furian, ArtemSam, まるこくり; **S. 21:** asvitt, ChristArt, Hans-Jürgen Krahl (2x); **S. 22:** Stekloduv, asvitt, Bernd Schmidt, Atlas, Rawpixel.com, nikonmike; **S. 23:** Klara Viskova, Steiser, Hasmik, oleon17 (2x), Alexey Bannykh (2x), Waqar, ibrahim, ACE STEEL D, Lukman Ahmed, abbydesign; **S. 24:** Алёна Игдеева (4x); **S. 25:** Ortis; **S. 26:** Stefan, Schmutzler-Schaub, biggi62, MicroOne, Lesia, MiKa; **S. 27:** Africa Studio; **S. 28:** beats_, MaxSafaniuk, Andrzej Plotnikow, fujipe, biggi62, Johanna Mühlbauer; **S. 29:** yellowj; **S. 30:** Korea Saii, Maren Winter, Alfazet Chronicles, imur, shaiith, Piotr Krzeslak; **S. 31:** Sasint; **S. 32:** Linas T, MOZCO Mat Szymański, Petr Bonek, gregory tkatc, Alexey Kljatov, strandret; **S. 34:** Peter Hermes Furian; **S. 35:** ElenaVector44 (9x), jagpro, antimartina, Alexey Kljatov; **S. 36:** fuku, sabelskaya (4x)

Bildquellen: © wikipedia frei

S. 21: Bengt Nyman from Vaxholm

Inhalt

KOHL VERLAG Lernen mit Erfolg
Lapbook Jahreszeiten
Den Jahreslauf kreativ erarbeiten – Bestell-Nr. 13 013

Vorwort

Viermal jährlich erleben wir den Wandel der Natur. Für Kinder ganz besonders spannend, denn zu jeder Jahreszeit gibt es viel zu entdecken und zu erleben. Diese Vorlagen veranschaulichen den Schüler*innen die Veränderungen.

Im Sachunterricht sind die Kinder immer bereit zu basteln, und dafür eignen sich Lapbooks ganz hervorragend. Bereits beim Ausschneiden und Zusammenkleben der Teile wie Taschen für Kärtchen, kleine Mäppchen zum Aufklappen ... ist einerseits Geschicklichkeit, aber auch Nachdenken erforderlich, z. B. müssen Merksätze und Zeichnungen ergänzt werden.

Die Vorlagen können unterschiedlich genutzt werden. Die Schüler können – je nach Kreativität und Geschick – fertige Kopiervorlagen verwenden und diese ausschneiden und zusammenkleben oder selbst gestalten.

Viel Spaß und Erfolg mit diesen Vorlagen wünschen

der Kohl-Verlag und

Gabriela Rosenwald

Und so kann es aussehen:

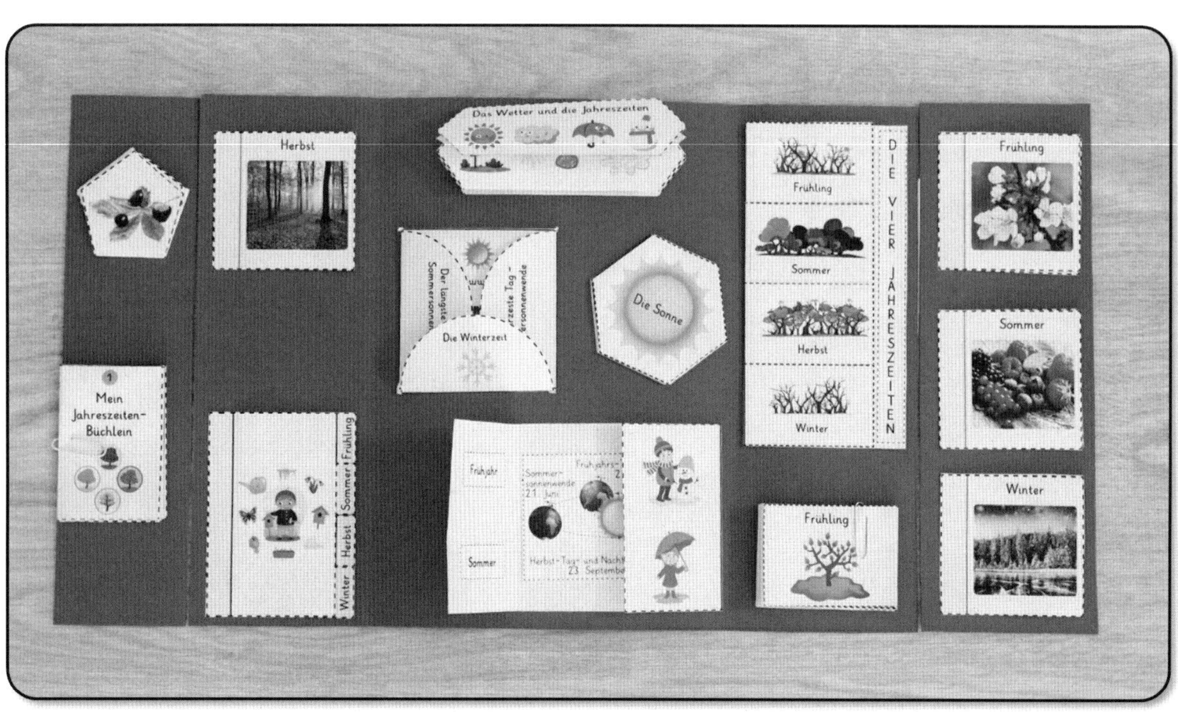

Arbeitspass

Name: ______________________________

Klasse: _____________

Seite	Thema	begonnen	erledigt

KOHL VERLAG Lernen mit Erfolg
Lapbook Jahreszeiten
Den Jahreslauf kreativ erarbeiten – Bestell-Nr. 13 013

Materialliste, Lapbook basteln

Was brauchst du für 1 Lapbook?

- Schere, für runde Formen evtl. eine Nagelschere
- Klebstoff
- 1 Papiermappe oder 1 buntes DIN A3 Papier
- Verschiedene Stifte, z. B. Bunt-, Faser-, Wachsmalstifte (+ weißer Stift)
- Büroklammern
- 1 Klarsichthülle (um angefangene Papierteile sicher aufzubewahren)
- Sticker, Stanzteile, Bilder ... alles, was zum jeweiligen Thema passt, zum Verzieren

So gestaltest du dein Lapbook

1. Variante

- Suche dir einen farbigen Fotokarton in der Größe DIN A3.
- Falte den Karton in der Mitte und klappe ihn wieder auseinander.
- Schon hast du ein Lapbook! Du kannst nun das Titelbild aufkleben und den Inhalt gestalten und einkleben. Überlege gut, bevor du den Innenteil befestigst.

2. Variante

- Nimm wieder einen farbigen Fotokarton (DIN A3).
- Falte den Karton in der Mitte und klappe ihn wieder auseinander.
- Falte nun die beiden äußeren Teile noch einmal zur Mitte. Nun sind 3 Knicke entstanden.
- Du kannst jetzt ein farbiges DIN A4 Blatt in die Mitte kleben. Dann klappst du die Seitenteile zu. Dein Lapbook ist fertig!
- Das Titelbild teilst du in der Mitte und klebst es auf.

Lapbook erweitern

Lapbook – Variationen

Wenn der Platz nicht reicht, weil du noch mehr erfahren hast oder einige Bilder einfügen möchtest: Dann wird dein Lapbook einfach erweitert!

Du kannst oben und unten, rechts und links weitere Klappen ankleben. Am besten klebst du die Klappen mit einem breiten Klebestreifen fest.

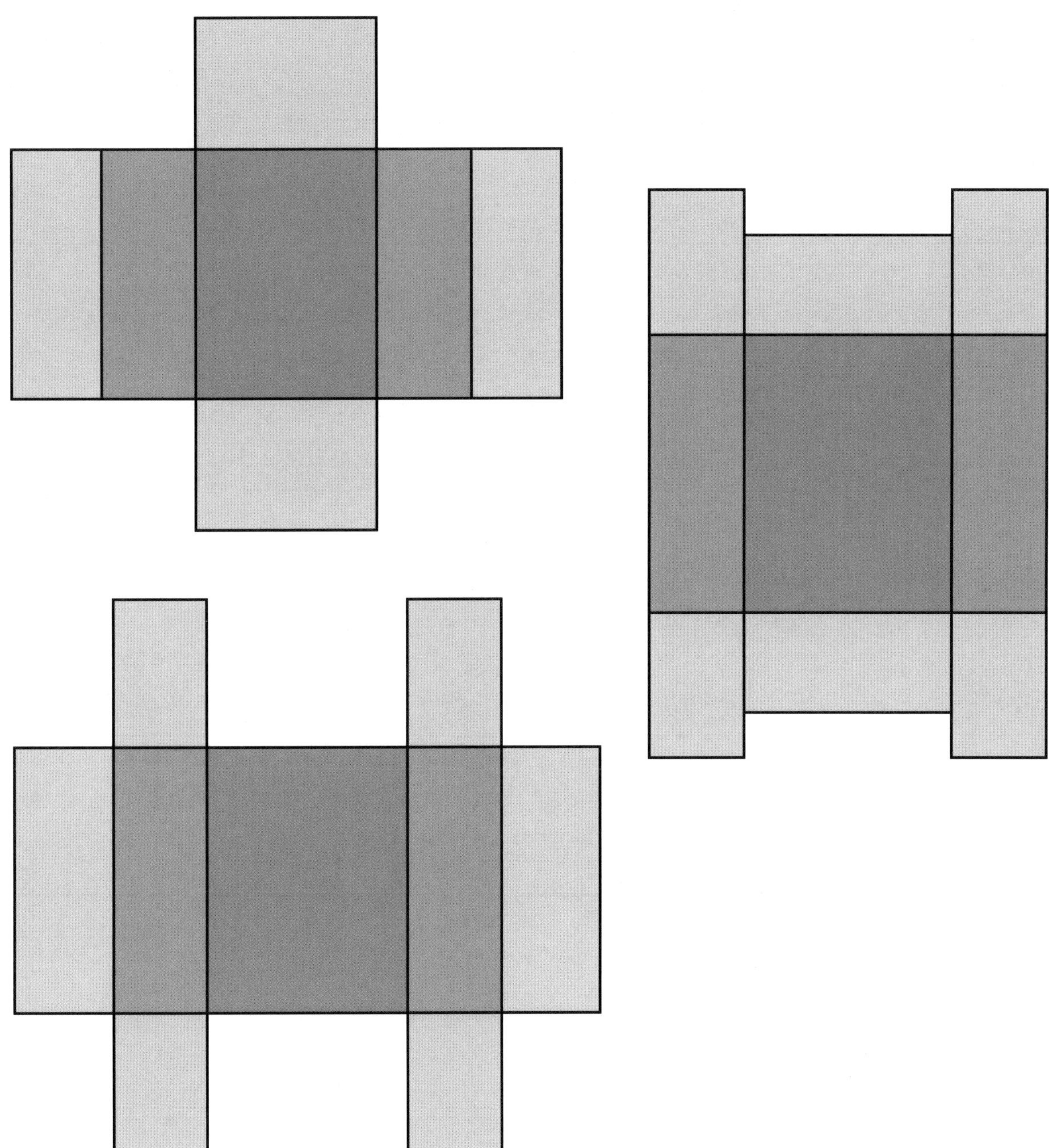

Mein Lapbook

Jahreszeiten

Name: ___________________________

Es gibt 4 Jahreszeiten

Die Jahreszeiten beginnen meteorologisch (nach den Wetterforschern) und astronomisch (nach den Sternkundlern) zu unterschiedlichen Zeiten.

Schneide die Mappe auf der übernächsten Seite aus (mit den 4 einzelnen Klappen) und falte sie an der durchgezogenen Linie nach hinten. Klebe den langen Balken ganz rechts auf die Mappe. Die 8 Infotexte klebst du jeweils passend links neben den Balken.

Der **Sommer** beginnt am 21. Juni und endet am 22. September.

Der **Herbst** fängt am 23. September und dauert bis zum 21. Dezember.

Der **Winter** beginnt am 22. Dezember und dauert bis zum 20. März.

Der **Frühling** fängt am 21. März an und endet am 20. Juni.

Lapbook Jahreszeiten
Den Jahreslauf kreativ erarbeiten – Bestell-Nr. 13 013

Es gibt 4 Jahreszeiten

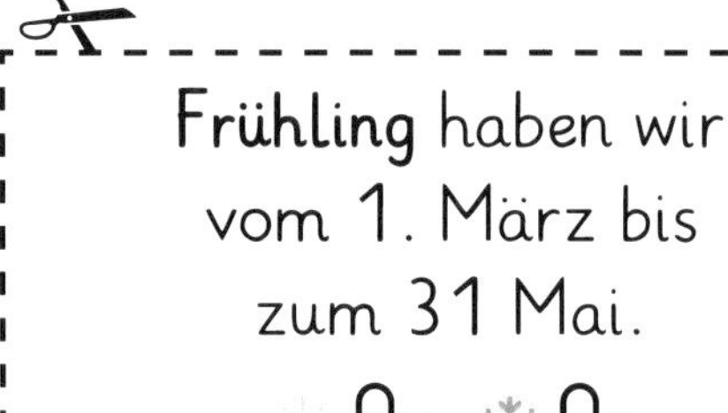

Frühling haben wir
vom 1. März bis
zum 31 Mai.

Der **Winter** beginnt am
1. Dezember und endet am
28. Februar.

Der **Herbst** beginnt am
1. September und ist am
30. November zu Ende.

Sommer haben wir
vom 1. Juni bis zum
31. August.

KOHL VERLAG Lapbook Jahreszeiten

Es gibt 4 Jahreszeiten

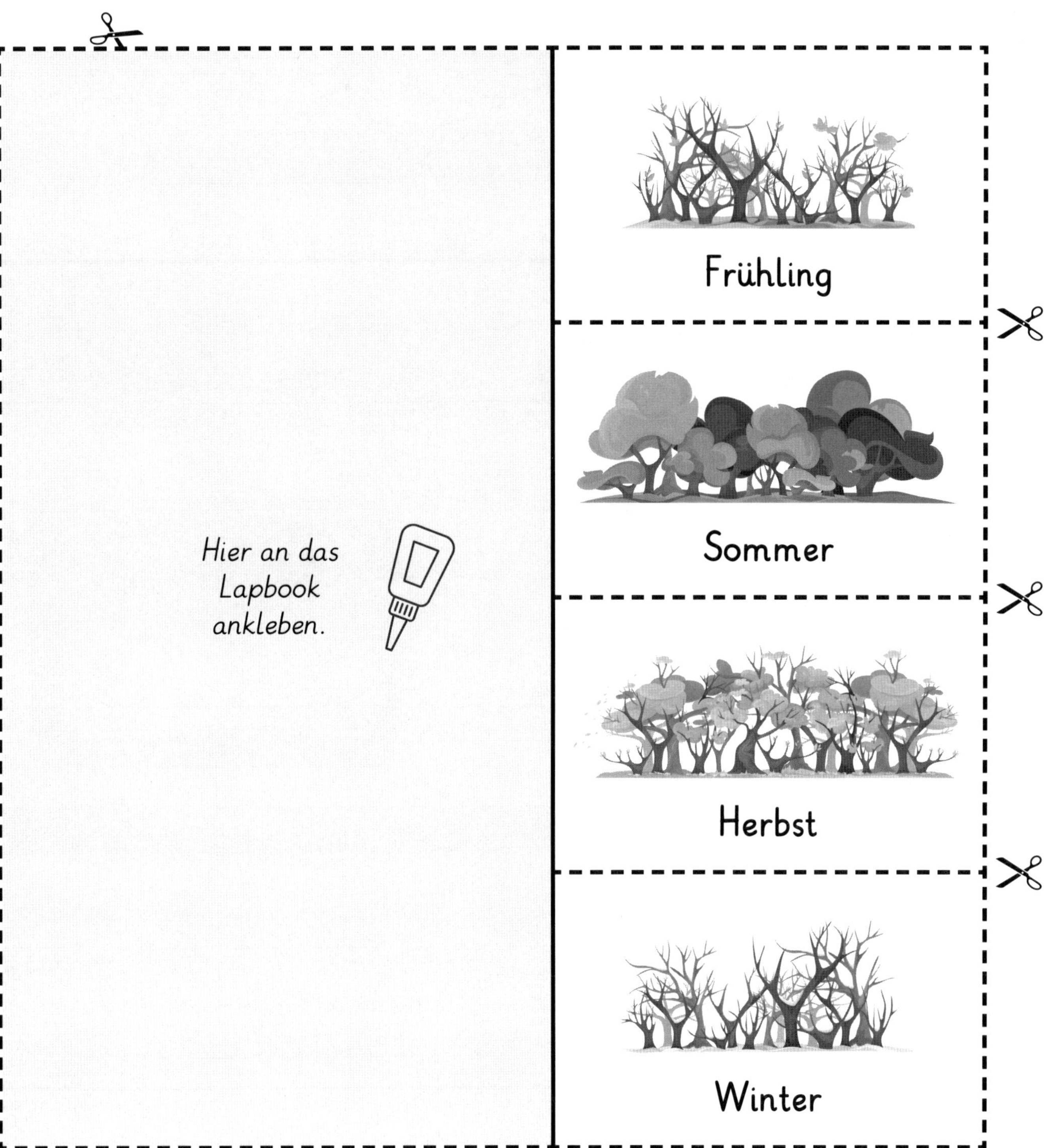

Kärtchen nach hinten knicken

Lapbook Jahreszeiten
Den Jahreslauf kreativ erarbeiten – Bestell-Nr. 13 013
KOHL VERLAG

Warum gibt es Jahreszeiten?

Wie alle Planeten kreist die Erde um die Sonne. Für solch eine Umdrehung benötigt sie ein Jahr. Innerhalb eines Jahres kommen alle vier Jahreszeiten einmal vor.
Die Erde wandert jedoch nicht gerade um die Sonne. Die Erdachse, die durch den Nord- und Südpol verläuft, ist ein wenig schief. Das hat zur Folge, dass an manchen Punkten der Umkreisung die Nordhalbkugel, an manchen hingegen die Südhalbkugel zur Sonne gewandt ist. Die der Sonne zugewandte Seite hat dann Sommer.

Schneide die Form auf der nächsten Seite und die Kärtchen unten aus.

Knicke die Seiten der Form nach hinten.

Klebe das Bild in die Mitte und rechts und links die Kärtchen mit den Jahreszeiten. Verbinde die Jahreszeiten mit dem richtigen Zeitraum.

Frühjahr	Sommer	Herbst	Winter

Warum gibt es Jahreszeiten?

Hier an das Lapbook ankleben.

Lösung:

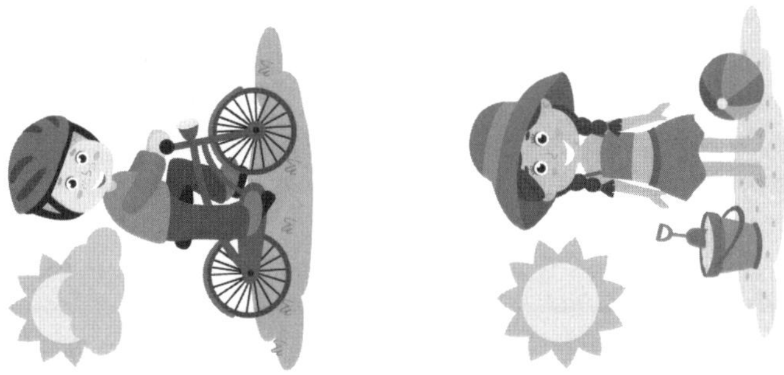

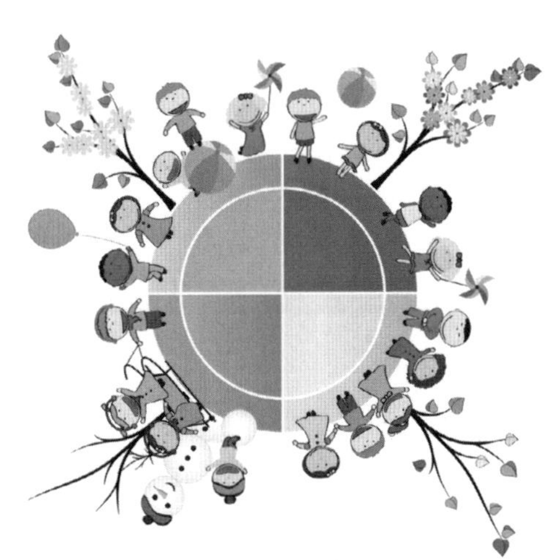

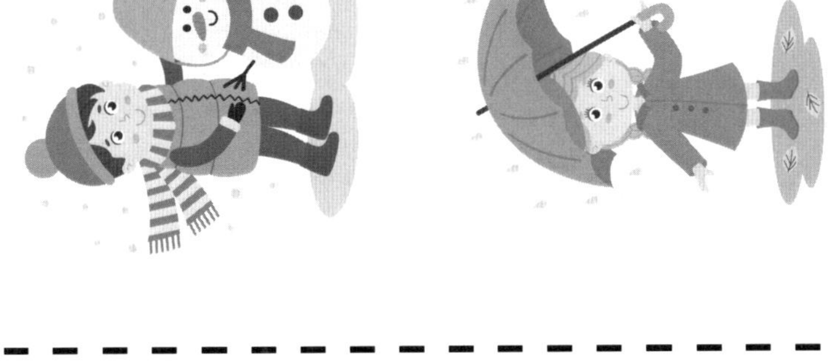

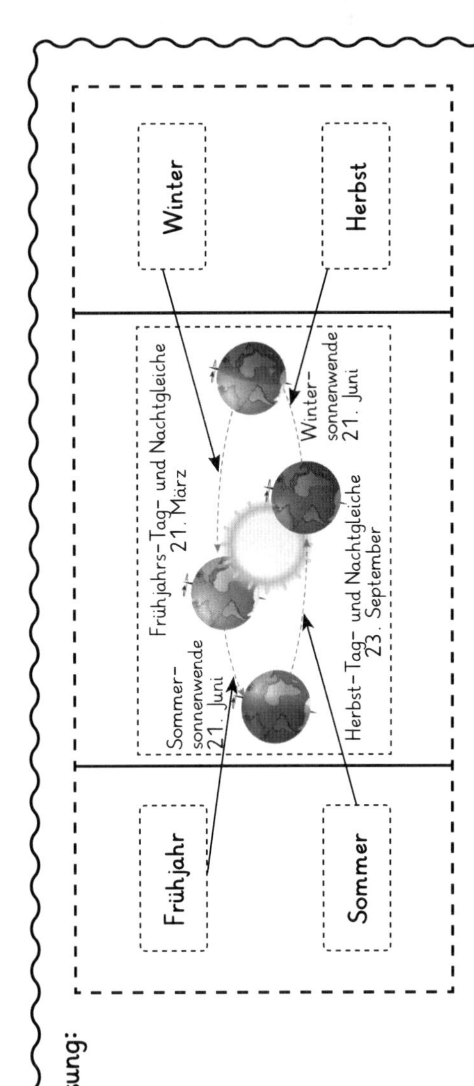

Sonnenwende und Zeitumstellung

Am letzten Märzwochenende wird die Uhr auf Sommerzeit umgestellt. Sie wird eine Stunde vorgestellt. Wir freuen uns, dass es abends später dunkel wird.
Am 21. Juni ist Sommersonnenwende. Das heißt, die Sonne erreicht – auf unserer nördlichen Erdhalbkugel – ihren höchsten Stand. Deswegen sind heute der längste Tag und die kürzeste Nacht.
Am letzten Wochenende im Oktober wird die Uhr eine Stunde zurück, auf die Winterzeit, gestellt. An diesem Sonntag dürfen wir eine Stunde länger schlafen!
Zur Wintersonnenwende hat die Sonne die geringste Mittagshöhe über dem Horizont. Auf der Nordhalbkugel der Erde erreicht die Sonne diesen Punkt am 21. oder 22. Dezember. Ab dem Tag werden die Tage wieder länger.

Schneide die Form auf der nächsten Seite, die Kärtchen und das Bild unten aus. Knicke die Halbkreise an den durchgezogenen Linien nach innen. Klebe die Kärtchen passend auf und das Bild in die Mitte.

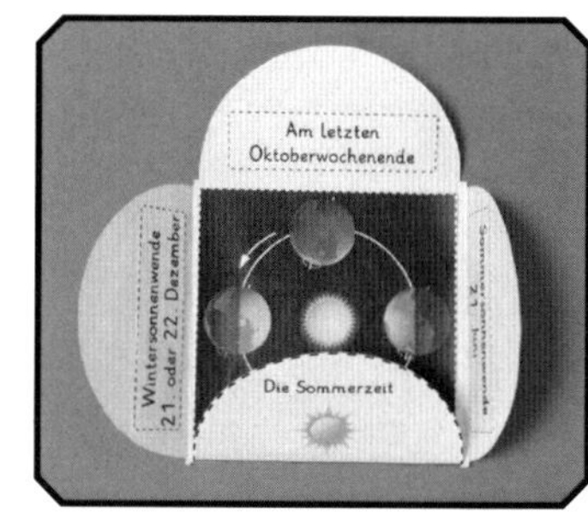

Am letzten Märzwochenende

Wintersonnenwende 21. oder 22. Dezember

Sommersonnenwende 21. Juni

Am letzten Oktoberwochenende

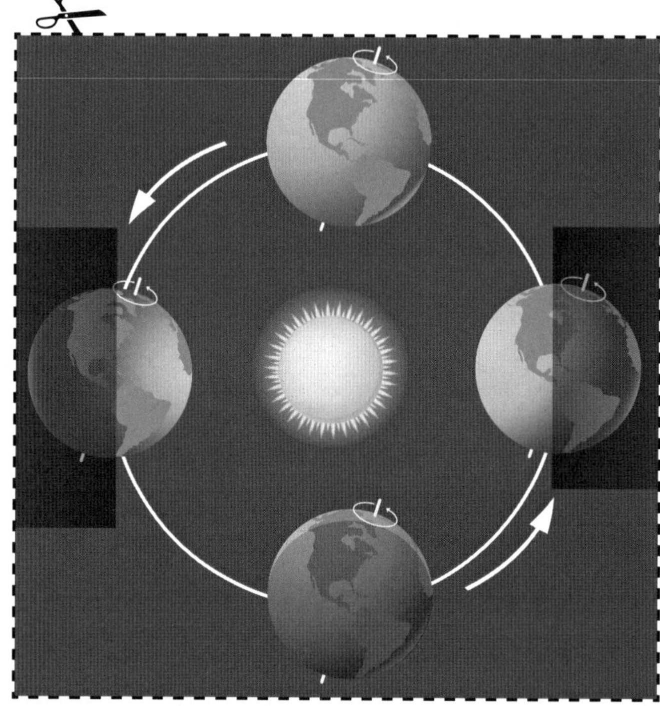

KOHL VERLAG
Lapbook Jahreszeiten
Den Jahreslauf kreativ erarbeiten – Bestell-Nr. 13 013

Sonnenwende und Zeitumstellung

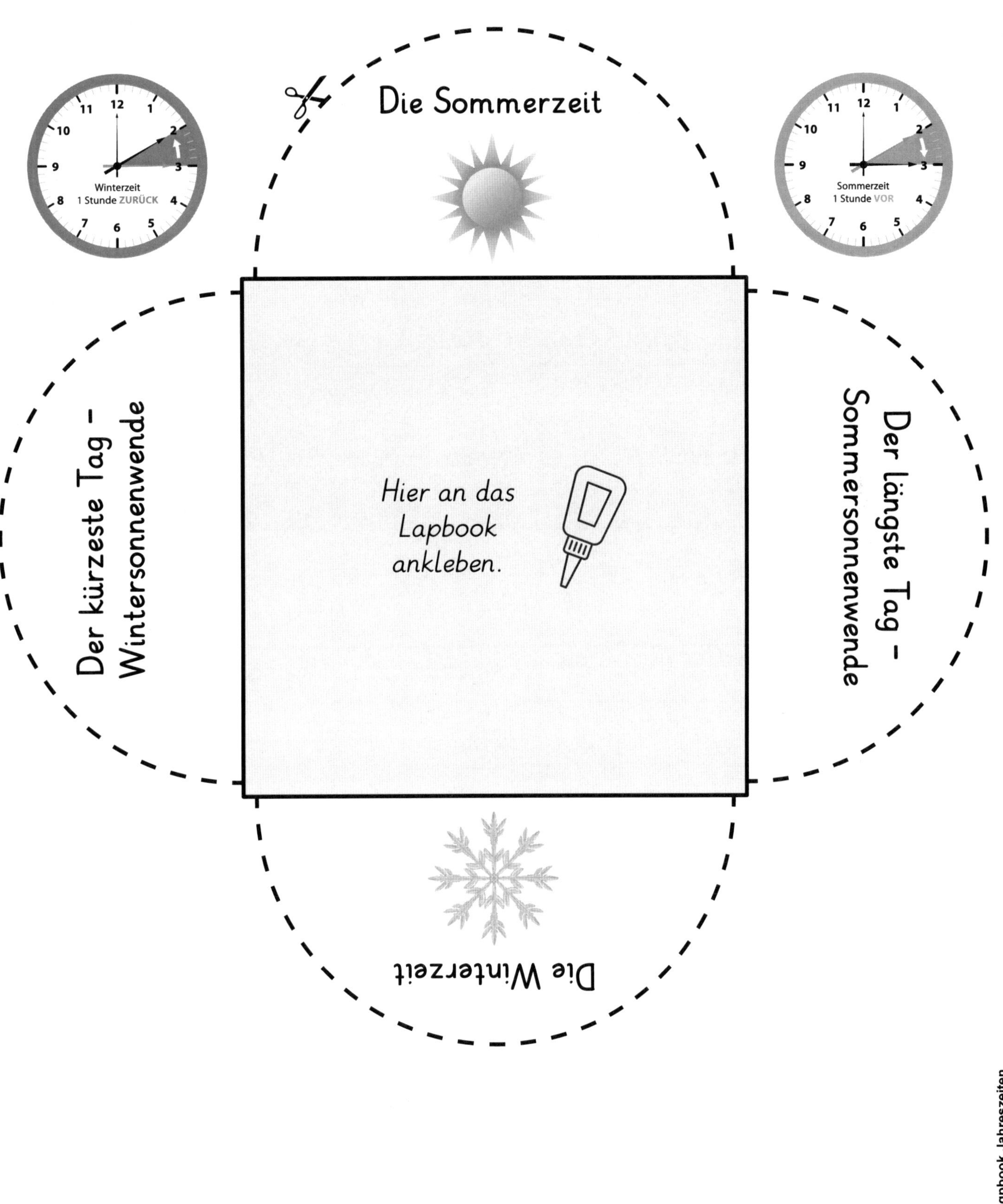

KOHL VERLAG Lapbook Jahreszeiten
Den Jahreslauf kreativ erarbeiten – Bestell-Nr. 13 013

Die Sonne

Die Sonne ist ein Stern, ein riesiger Feuerball. Sie ist viele Millionen Kilometer von uns entfernt und unvorstellbar heiß. Wir wären nichts ohne diese Wärme und ohne das Licht. Es gäbe keine Pflanzen, keine Tiere und keine Menschen. Sterne bestehen überwiegend aus den Gasen Wasserstoff und Helium. Das Licht, das die Sonne aussendet, braucht etwas mehr als 8 Minuten, bevor es die Erde erreicht. Die Sonne ist sehr, sehr groß. Unsere Erde würde dort 1,3 Millionen Mal hineinpassen.

Schneide die Sechsecke hier und die Form auf der nächsten Seite aus.

Klebe die Texte hinter die Bilder.

Falte die Form wie angegeben und klebe sie in dein Lapbook.

Die Sonne ist ein Stern. Sie bildet die Mitte unseres Sonnensystems und wird von unserer Erde und anderen Planeten umkreist.

Ohne Sonne könnten wir nicht leben. Sie leuchtet uns, erwärmt den Boden, die Meere, sie steuert das Klima, sie bringt Trockenperioden und Eiszeiten.

Auf der Seite der Erdkugel, die der Sonne zugewandt ist, ist es Tag. Auf der Seite der Erdkugel, die der Sonne abgewendet ist, ist es Nacht.

KOHL VERLAG
Lapbook Jahreszeiten
Den Jahreslauf kreativ erarbeiten – Bestell-Nr. 13 013

Die Sonne

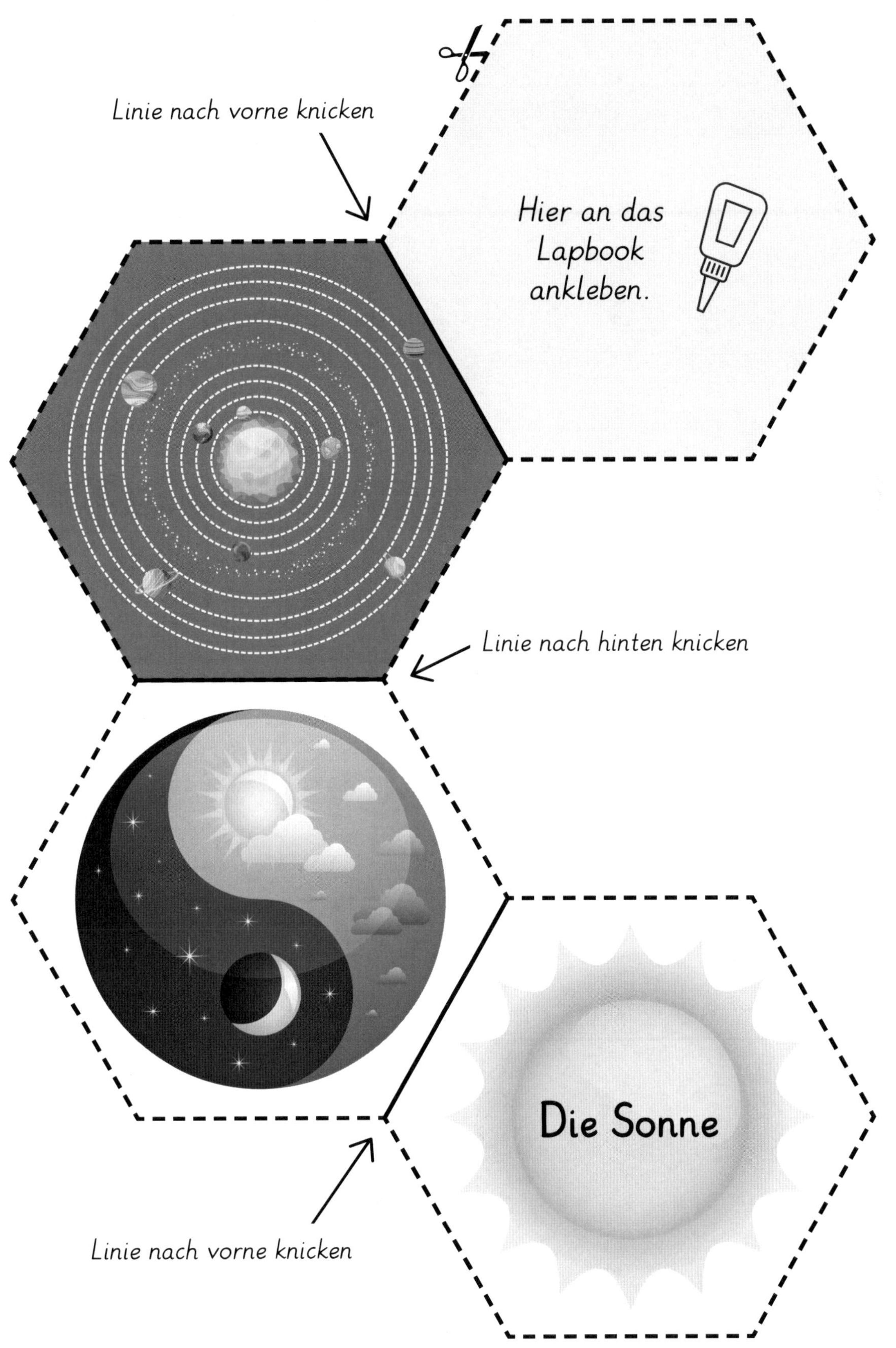

KOHL VERLAG Lapbook Jahreszeiten
Den Jahreslauf kreativ erarbeiten – Bestell-Nr. 13 013

Der Baum im Laufe des Jahres

Die Laubbäume wie auch der Kastanienbaum halten eine Art Winterschlaf. Doch dann kommt der Frühling ...

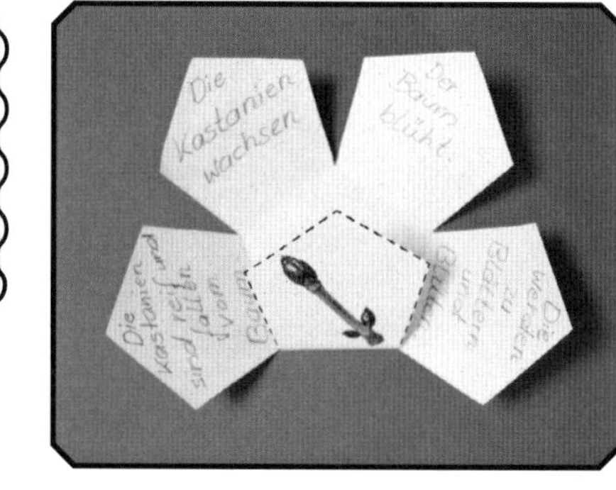

Schneide die Form unten aus. Knicke sie an den durchgezogenen Linien nach hinten. Schreibe die Sätze richtig hinter die Bilder. Klebe die Form in dein Lapbook.

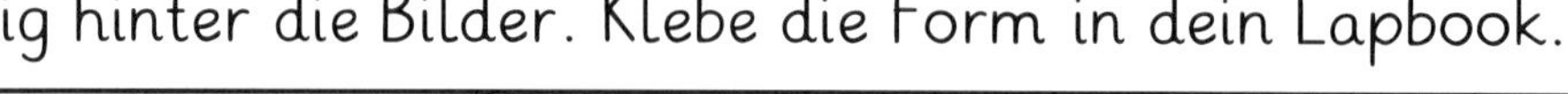

Der Baum blüht. • Der Baum bildet Knospen. • Die Kastanien wachsen. • Die Knospen werden zu Blättern und Blüten. • Die Kastanien sind reif und fallen vom Baum.

Lösungen:
1. Der Baum bildet Knospen. **2**. Die Knospen werden zu Blättern und Blüten. **3**. Der Baum blüht. **4**. Die Kastanien wachsen. **5**. Die Kastanien sind reif und fallen vom Baum.

1

2

3

4

5

Hier an das Lapbook ankleben.

KOHL VERLAG Lapbook Jahreszeiten Den Jahreslauf kreativ erarbeiten – Bestell-Nr. 13 013

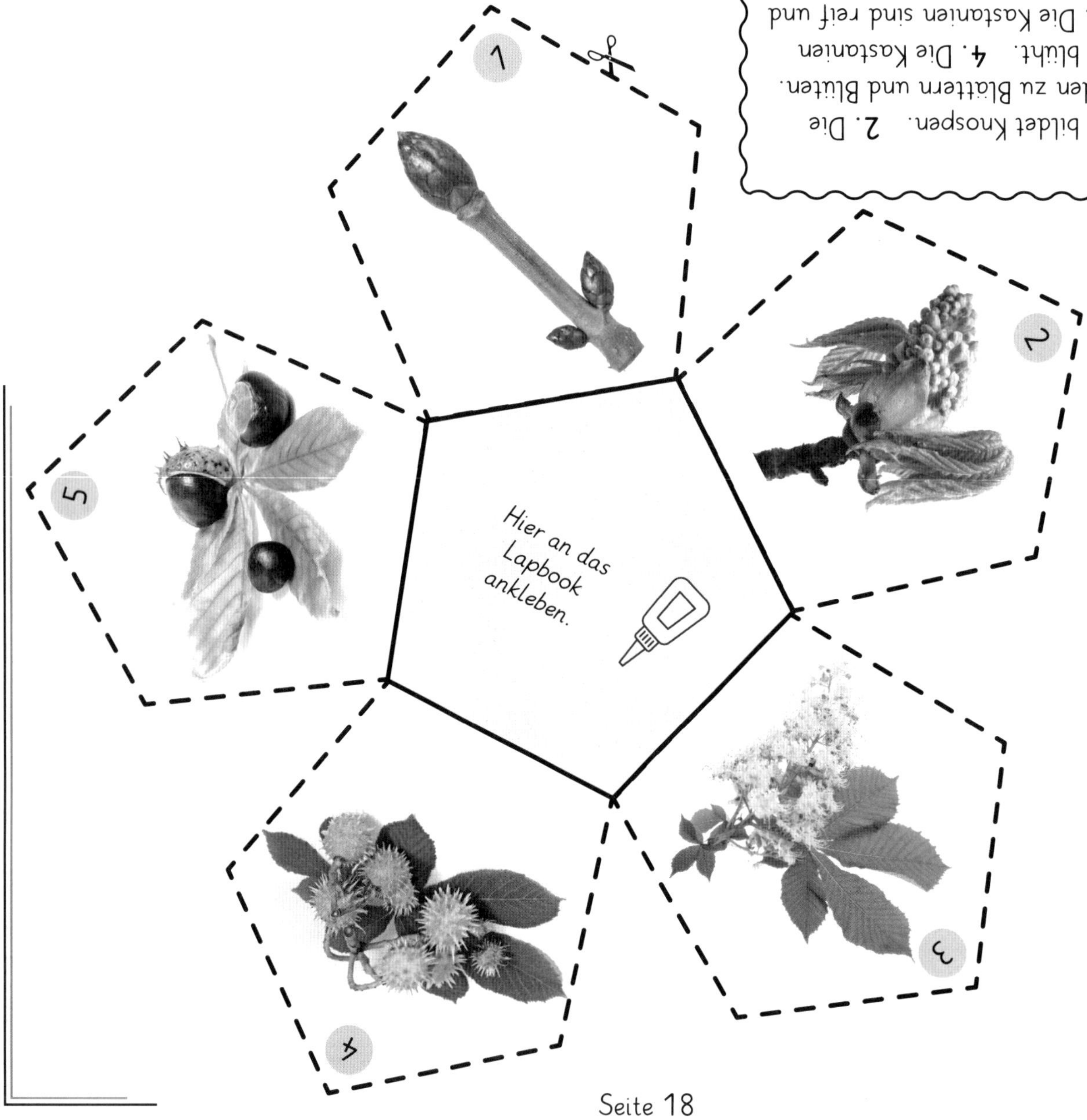

Leporello zu den Festen im Jahr

Ergänze die fehlenden Worte in den Texten.
Schneide die Reihen aus.
Klebe die Teile zusammen.
Falte sie wie eine Ziehharmonika.
Das letzte Teil klebst du an dein Lapbook.
Wenn du das Leporello nicht mehr benutzt, dann klammere es mit einer Büroklammer zusammen.

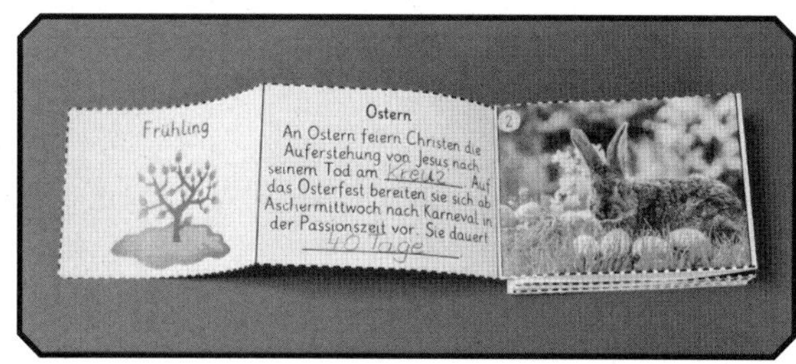

Linie nach vorne knicken | *Linie nach hinten knicken*

Frühling

Ostern

An Ostern feiern Christen die Auferstehung von Jesus nach seinem Tod am __________. Auf das Osterfest bereiten sie sich ab Aschermittwoch nach Karneval in der Passionszeit vor. Sie dauert ______________.

hier 2 ankleben

2

Walpurgisnacht

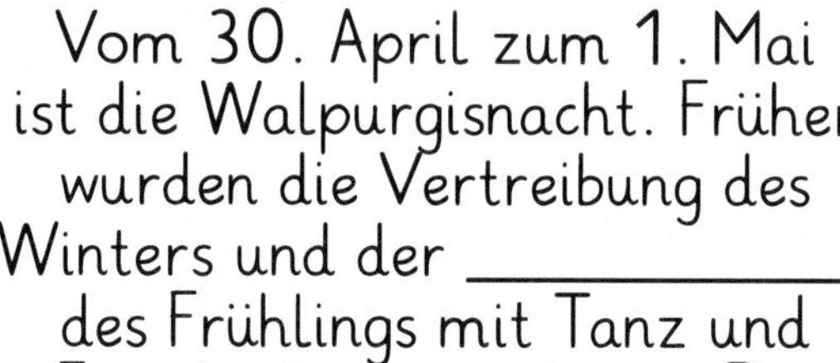

Vom 30. April zum 1. Mai ist die Walpurgisnacht. Früher wurden die Vertreibung des Winters und der ___________ des Frühlings mit Tanz und Freudenfeuern gefeiert. Die ___________ flogen auf ihren Besen zum Blocksberg.

hier 3 ankleben

Lösungen:
1. Kreuz, 40 Tage; **2**. Beginn, Hexen; **3**. Ostern, Taube; **5**. Sonne, Nacht; **6**. Pflanzen, Johanniskäfer; **7**. Mittsommernächte, Tanz; **8**. Arbeit, Sonntag; **9**. Martin, Mantel; **10**. Vermögen, Schuhe; **12**. Advent, Geburt Jesu; **13**. letzten Tag, Januar; **14**. Kontinenten, Afrika

Leporello zu den Festen im Jahr

Linie nach vorne knicken

Linie nach hinten knicken

3

Pfingsten

Das Pfingstfest wird immer am 50. Tag nach Ostern gefeiert. In der Bibel steht, dass der Heilige Geist am fünfzigsten Tag nach __________ zu den Aposteln herabkam. Die __________ steht als Zeichen des Heiligen Geistes.

hier 4 ankleben

4

Sommer

hier 5 ankleben

5

Sommersonnenwende

Am 21. Juni ist Sommersonnenwende. Das heißt, die __________ erreicht – auf unserer nördlichen Erdhalbkugel – ihren höchsten Stand. Deswegen sind heute der längste Tag und die kürzeste __________.

Sommersonnwende (21. Juni)

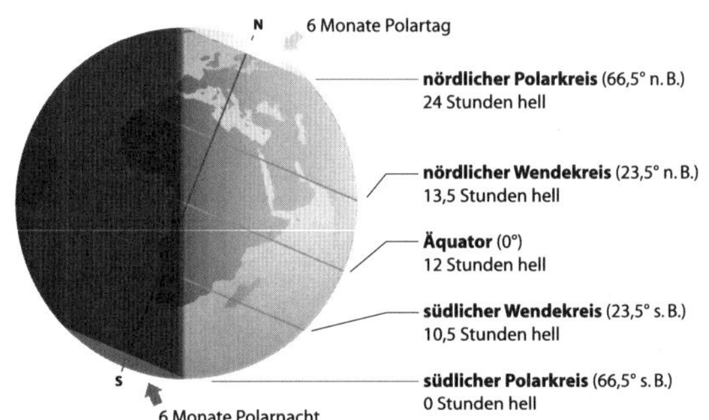

hier 6 ankleben

6

Johanni

Johanni leitet die Erntezeit ein. Allerdings ist es gleichzeitig das Ende der Spargelzeit. __________ und Tiere sind nach Johanni benannt: Johannisbeeren und der __________, das Glühwürmchen.

hier 7 ankleben

KOHL VERLAG
Lapbook Jahreszeiten
Den Jahreslauf kreativ erarbeiten – Bestell-Nr. 13 013

Leporello zu den Festen im Jahr

Linie nach vorne knicken

Linie nach hinten knicken

7 **Mittsommernächte**

In den nordischen Ländern wird es an diesen Tagen kaum dunkel. Die Menschen feiern die ____________________ mit Musik und __________. Man spricht auch von den „Weißen Nächten".

hier 8 ankleben

8 **Herbst**

Erntedank

Bei diesem Fest soll an die ______________ in der Landwirtschaft und den Gärten gedacht werden. In Deutschland feiern wir das Erntedankfest meistens am ersten ______________ im Oktober.

hier 9 ankleben

9

Sankt Martin

Der Martinstag wird mit Umzügen und anderem Brauchtum begangen. Man denkt an ____________, den römischen Soldaten, der seinen ____________ mit einem armen Mann teilte.

hier 10 ankleben

10

Nikolaus von Myra

Er lebte im 4. Jahrhundert nach Christi. Nikolaus verteilte sein ______________ unter den Armen. Am Vorabend des Nikolaustages stellen die Kinder heute noch ________ vor ihre Tür, damit der Nikolaus sie mit Süßigkeiten füllt.

hier 11 ankleben

Leporello zu den Festen im Jahr

Linie nach vorne knicken

Linie nach hinten knicken

11

Winter

hier 12 ankleben

12 **Advent und Weihnachten**

Mit dem ersten ___________ beginnt in der evangelischen und katholischen Kirche das neue Kirchenjahr. Weihnachten ist das Fest der _____________ und gehört zu den wichtigsten Feiertagen der Christen.

hier 13 ankleben

13 **Silvester und Neujahr**

Papst Innozenz XII nannte den _______________ des Jahres nach dem Papst Silvester I. Heute ist es ein fröhliches Fest. Bei uns ist der Neujahrstag immer der 1. ___________ wir haben einen „festen" Feiertag.

hier 14 ankleben

14 **Die Heiligen 3 Könige**

Am 6. Januar ist das Fest der heiligen drei Könige. Damals glaubte man, die Welt bestehe aus drei _____________: Europa, Asien und ___________. So dachte man, die drei Könige stehen für die drei Kontinente.

Die Rückseite dieses Feldes an dein Lapbook kleben.

KOHL VERLAG Lapbook Jahreszeiten Den Jahreslauf kreativ erarbeiten – Bestell-Nr. 13 013

Was machst du in den Jahreszeiten?

Schneide die Formen auf der nächsten Seite aus. Klebe sie an den grauen Feldern zusammen. Male die Bilder an, schneide sie aus und klebe sie auf die Rückseiten des Büchleins. Du kannst auch aufschreiben, was du gerne machst.

Lösungen:
Winter: Schlittenfahren, Schneemann bauen, Schlittschuhlaufen
Frühling: Skaten, Ballspielen, eine Radtour
Sommer: Picknick, Schwimmen gehen, draußen zelten
Herbst: Drachen steigen lassen, Herbstspaziergang, Kürbis schnitzen

KOHL VERLAG
Lapbook Jahreszeiten
Den Jahreslauf kreativ erarbeiten – Bestell-Nr. 13 013

Was machst du in den Jahreszeiten?

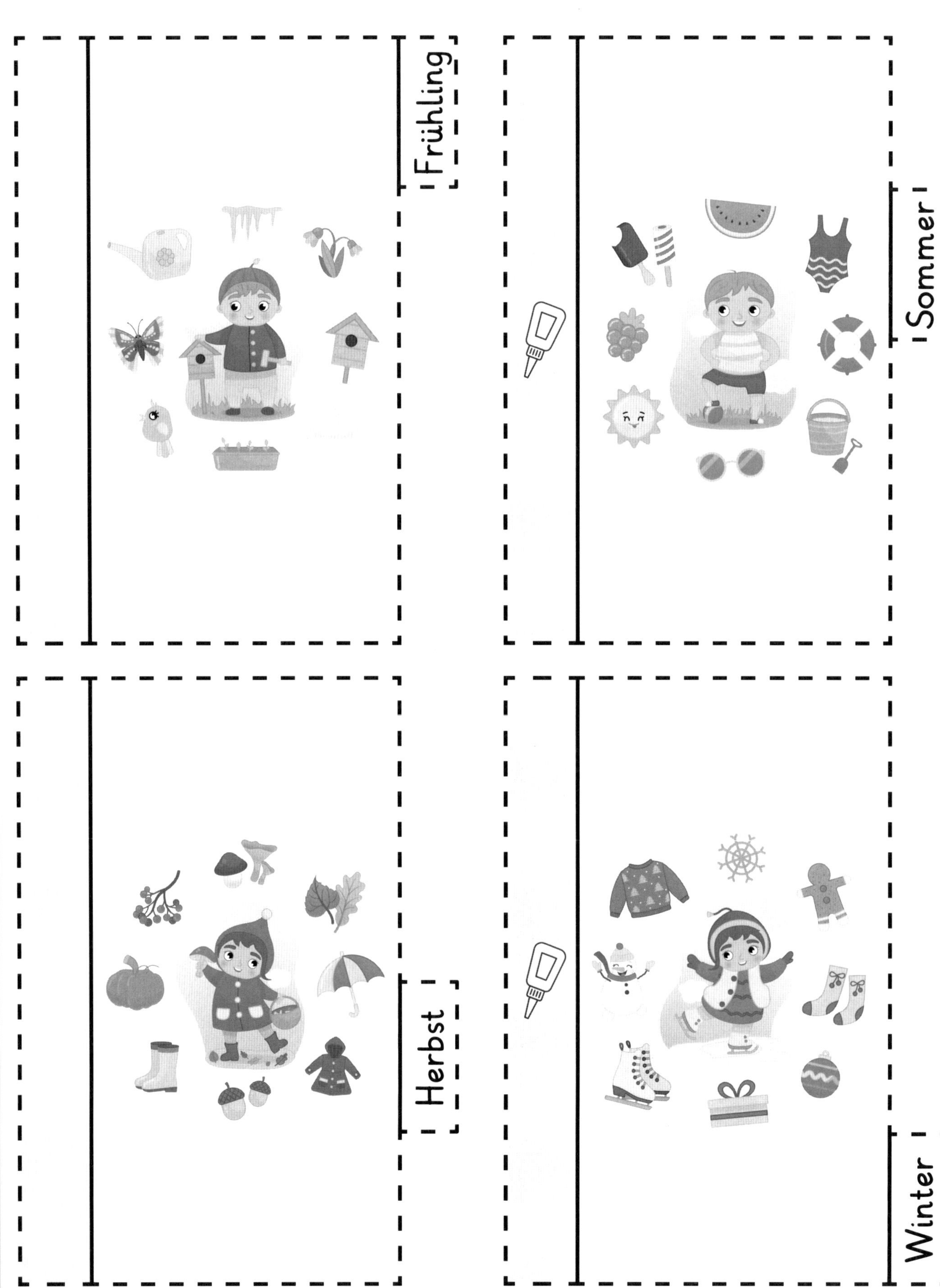

KOHL VERLAG Lapbook Jahreszeiten
Den Jahreslauf kreativ erarbeiten – Bestell-Nr. 13 013

Büchlein zum Frühling

Hier kannst du ein kleines Büchlein zum Frühling erstellen. Ergänze die Texte unten und schneide sie sowie die Bilder auf der nächsten Seite aus. Klebe die Bilder an den grauen Streifen zusammen. Klebe die Texte zu den Bildern passend auf der Rückseite auf. Klebe dann das Büchlein in dein Lapbook.

Die Bauern mähen die Wiesen und machen ___________. Sie und die Gärtner säen und pflanzen Korn, _______________ und vieles mehr.

Solange die Bäume noch kein _______ haben und es Sonne am Waldboden gibt, finden sich im Wald die blühenden Pflanzen wie Buschwindröschen und _______________.

Meist ist das ___________________ der erste Frühlingsbote. Im ____________ blühen auch Krokusse, Primeln, Veilchen, Tulpen und Osterglocken.

Im Frühling kommen viele Tierkinder zur Welt. Eichhörnchen, Hasen und _________ können bereits sehr früh im Jahr geboren werden. Die meisten kommen jedoch ab ___________ zur Welt.

Im Frühjahr steigen die Temperaturen, es wird langsam ____________ und die Tage werden länger. Die Bäume bekommen Blüten und Blätter.

Viele Tiere erwachen aus dem Winterschlaf (z. B. _______ und Fledermaus), der Winterruhe (z. B. Dachs und __________________) oder Winterstarre (z. B. Eidechsen oder Frösche).

Lösungen:
Heu, Kartoffeln, Laub, Veilchen, Schneeglöckchen, Garten, Füchse, März/April, wärmer, Igel, Eichhörnchen

KOHL VERLAG Lapbook Jahreszeiten Den Jahreslauf kreativ erarbeiten – Bestell-Nr. 13 013

Büchlein zum Frühling

Frühling

Die Rückseite dieses Feldes an das Lapbook kleben.

KOHL VERLAG Lapbook Jahreszeiten Den Jahreslauf kreativ erarbeiten – Bestell-Nr. 13 013

Büchlein zum Sommer

Hier kannst du ein kleines Büchlein zum Sommer erstellen. Ergänze die Texte unten und schneide sie sowie die Bilder auf der nächsten Seite aus. Klebe die Bilder an den grauen Streifen zusammen. Klebe die Texte zu den Bildern passend auf der Rückseite auf. Klebe dann das Büchlein in dein Lapbook.

Im Sommer gibt es die längsten ____________, denn früher mussten die Kinder bei der ____________ mithelfen. Heute kann man Urlaub machen oder zuhause die Zeit genießen.

Im Sommer wird das ______________ reif. Große Mähdrescher fahren über die Felder. Sie schneiden und dreschen das Getreide. Das ________ fällt hinten heraus und bleibt liegen.

Diese Leckerei war den ______________ schon lange vor Christus' Geburt bekannt: Eis! Im 19. Jahrhundert beginnt die Speiseeisherstellung. ________ erfand Carl Linde eine Kältemaschine.

An den Rändern von Getreidefeldern und Wegen blühen bunte Wildblumen wie Kamille, ________ und Kornblume. Bienen, Hummeln und ______________ finden hier reichlich Nektar.

Erdbeeren, Himbeeren, Brombeeren und Johannisbeeren – von Juni bis August ist die Auswahl an frischen ___________ groß. Auch ___________, Aprikosen und Pflaumen kann man nun ernten.

Im 16. Jahrhundert kamen die ________________ von Peru mit den Eroberern nach Europa. Heute wird von Juli bis ______________, je nach Sorte, geerntet.

Lösungen:
Ferien, Ernte, Getreide, Stroh, Chinesen, 1876, Mohn, Schmetterlinge, Beeren, Kirschen, Kartoffeln, September

Büchlein zum Sommer

Die Rückseite dieses Feldes an das Lapbook kleben.

KOHL VERLAG Lapbook Jahreszeiten
Den Jahreslauf kreativ erarbeiten – Bestell-Nr. 13 013

Büchlein zum Herbst

Hier kannst du ein kleines Büchlein zum Herbst erstellen. Ergänze die Texte unten und schneide sie sowie die Bilder auf der nächsten Seite aus. Klebe die Bilder an den grauen Streifen zusammen. Klebe die Texte zu den Bildern passend auf der Rückseite auf. Klebe dann das Büchlein in dein Lapbook.

Im Herbst findet man Kastanien, Eicheln, Bucheckern und ______________. Die Tiere benötigen sie als Nahrung. Eichhörnchen, ___________ und Mäuse legen sich einen Vorrat an.

In den Weinbergen beginnt die Weinlese, d. h. die ______________ werden geerntet. Auch Walnüsse und ______________ kann man nun sammeln, die mögen wir auch sehr gerne.

Auf den Feldern sind der Mais und die späten Kartoffeln reif. Viele ______________ kann man nun pflücken. Gemüse, wie die ___________ und viele Kohlsorten, werden geerntet.

Was wir als Pilze kennen, ist nur ein ganz kleiner Teil, nämlich der ______________. Geflechte aus langen ___________ breiten sich weit unterirdisch aus. Das nennt man „Myzel".

Das Wort „Advent" bedeutet Ankunft. Mit dem ersten ___________ beginnt in der evangelischen und katholischen Kirche das ______________. Seit dem 7. Jahrhundert feiern die Menschen Advent.

Die Blätter an den Bäumen werden ________, dann fallen sie ab. Wenn der Boden gefroren ist, können sie kein ___________ mehr aufnehmen. Der Baum bereitet sich auf den „Winterschlaf" vor.

Lösungen:
Tannenzapfen, Hamster, Weintrauben, Haselnüsse, Apfelsorten, Kürbisse, Fruchtkörper, Fäden, Advent, Kirchenjahr, bunt, Wasser

KOHL VERLAG
Lapbook Jahreszeiten
Den Jahreslauf kreativ erarbeiten – Bestell-Nr. 13 013

Büchlein zum Herbst

Die Rückseite dieses Feldes an das Lapbook kleben.

Lapbook Jahreszeiten

KOHL VERLAG

Büchlein zum Winter

Hier kannst du ein kleines Büchlein zum Winter erstellen. Ergänze die Texte unten und schneide sie sowie die Bilder auf der nächsten Seite aus. Klebe die Bilder an den grauen Streifen zusammen. Klebe die Texte zu den Bildern passend auf der Rückseite auf. Klebe dann das Büchlein in dein Lapbook.

Im Winter sind die Tage __________, denn die Strahlen der Sonne fallen nur schräg auf die Erde. So ist es im Winter kalt. Das Wasser in Seen und Bächen friert zu Eis, statt Regen fällt oft ______________.

Viele Tiere halten ____________________, Winterruhe oder sind in der Winterstarre. Manche Vogelarten, wie die Schwalben und der __________, fliegen in warme Gebiete, um dort zu überwintern.

Unsere ____________________ kann man im Winter am Vogelhäuschen beobachten: Finken, Dompfaffen, Kleiber, ______________, Meisen, Rotkehlchen, Amseln und Zaunkönige.

Genau wie Eis besteht Schnee aus vielen winzigen ____________________. Dabei haben sie immer 6 __________. Jedes Schneekristall ist einmalig. Wenn die Temperatur unter 0 °C sinkt, bildet sich Eis.

Julius ______________ ließ einen Kalender für das Sonnenjahr erstellen. Heute gilt der neue Gregorianische Kalender. Er wurde 1582 von Papst ______________ XIII eingesetzt.

Die Bräuche zum Karneval gibt es schon seit vielen Jahren. Mit schrecklichen Kostümen und viel ____________ und Radau vertrieben unsere Vorfahren die bösen ______________ des Winters.

Lösungen:
kurz, Schnee, Winterschlaf, Storch, Standvögel, Spatzen, Eiskristallen, Ecken, Caesar, Gregor, Krach, Geister

KOHL VERLAG
Lapbook Jahreszeiten
Den Jahreslauf kreativ erarbeiten – Bestell-Nr. 13 013

Büchlein zum Winter

Die Rückseite dieses Feldes an das Lapbook kleben.

Lapbook Jahreszeiten
Den Jahreslauf kreativ erarbeiten – Bestell-Nr. 13 013
KOHL VERLAG

Mein Jahreszeiten-Büchlein

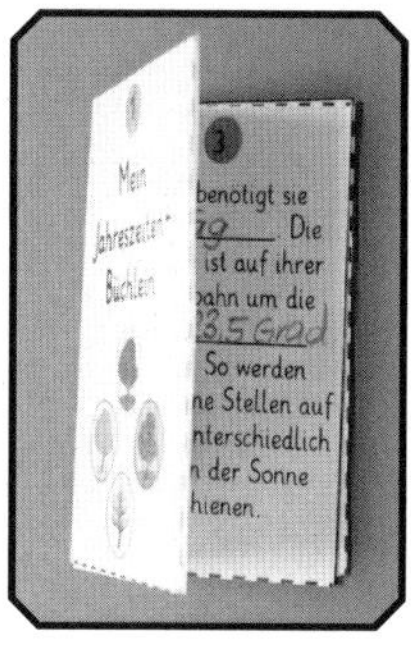

Falte das Büchlein auf der folgenden Seite nach dieser Anleitung. Ergänze die fehlenden Wörter. Befestige es an dein Lapbook, indem du eine Schnur in die Mitte des Büchleins legst und die Enden oben und unten am Lapbook mit Klebestreifen befestigst.

Du brauchst:

1.

eine Schere
Vorlage Faltbuch (siehe übernächste Seite)

2.

So geht es:

3.

1. Schneide die Vorlage vom Faltbuch an der gestrichelten Linie aus. Lege das Blatt mit der unbeschriebenen Seite vor dich hin.
2. Falte es einmal längs in der Mitte.
3. Falte es wieder auseinander.

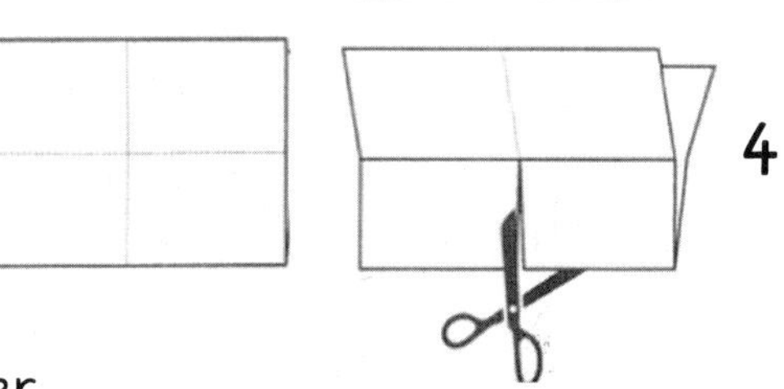

4.

4. Lege das Blatt mit der beschriebenen Seite vor dich hin. Falte es einmal quer in der Mitte. Schneide das Blatt an der gestrichelten Linie ein.

5.

5. Falte die beiden Seiten an den durchgezogenen Linien nach unten.
6. Falte das Blatt wieder auseinander.

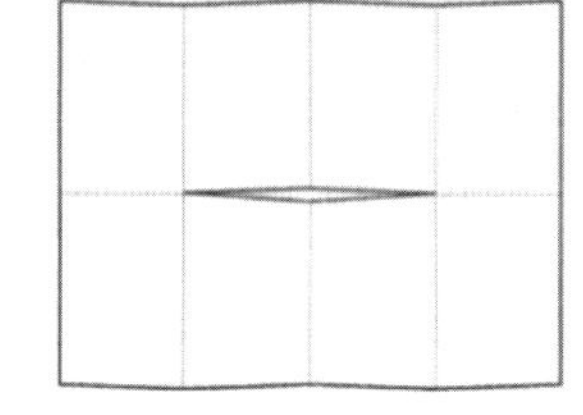

6.

7. Falte das Blatt wieder der Länge nach in der Mitte, sodass die beschriebene Seite sichtbar wird.
8. Schiebe das Blatt in der Mitte zusammen.
9. Nun kannst du das Faltbuch zusammenklappen.

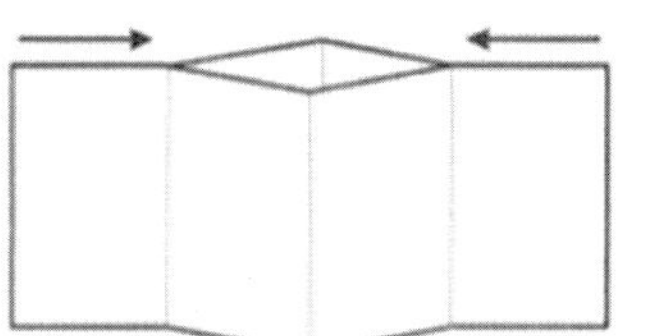

7.

Lösungen (nächste Seite):
2. Sommer, Winter, Sonne – 3. Tag, schief –
4. warm, flacher – 5. Frühling, Tiere, Blumen –
6. längste, Sonnenschutz – 7. Nacht, Wind, Boden –
8. kürzeste, Schlittenfahren

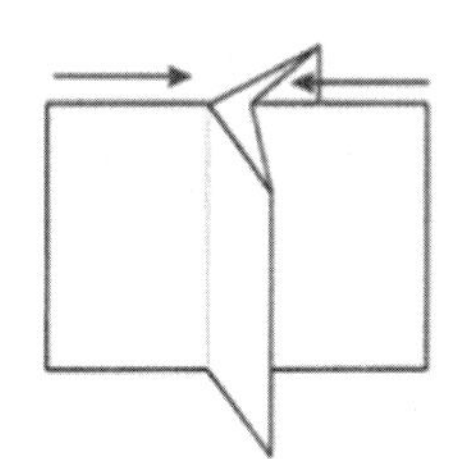

8.

9.

Lapbook Jahreszeiten
Den Jahreslauf kreativ erarbeiten – Bestell-Nr. 13 013
KOHL VERLAG

Mein Jahreszeiten-Büchlein

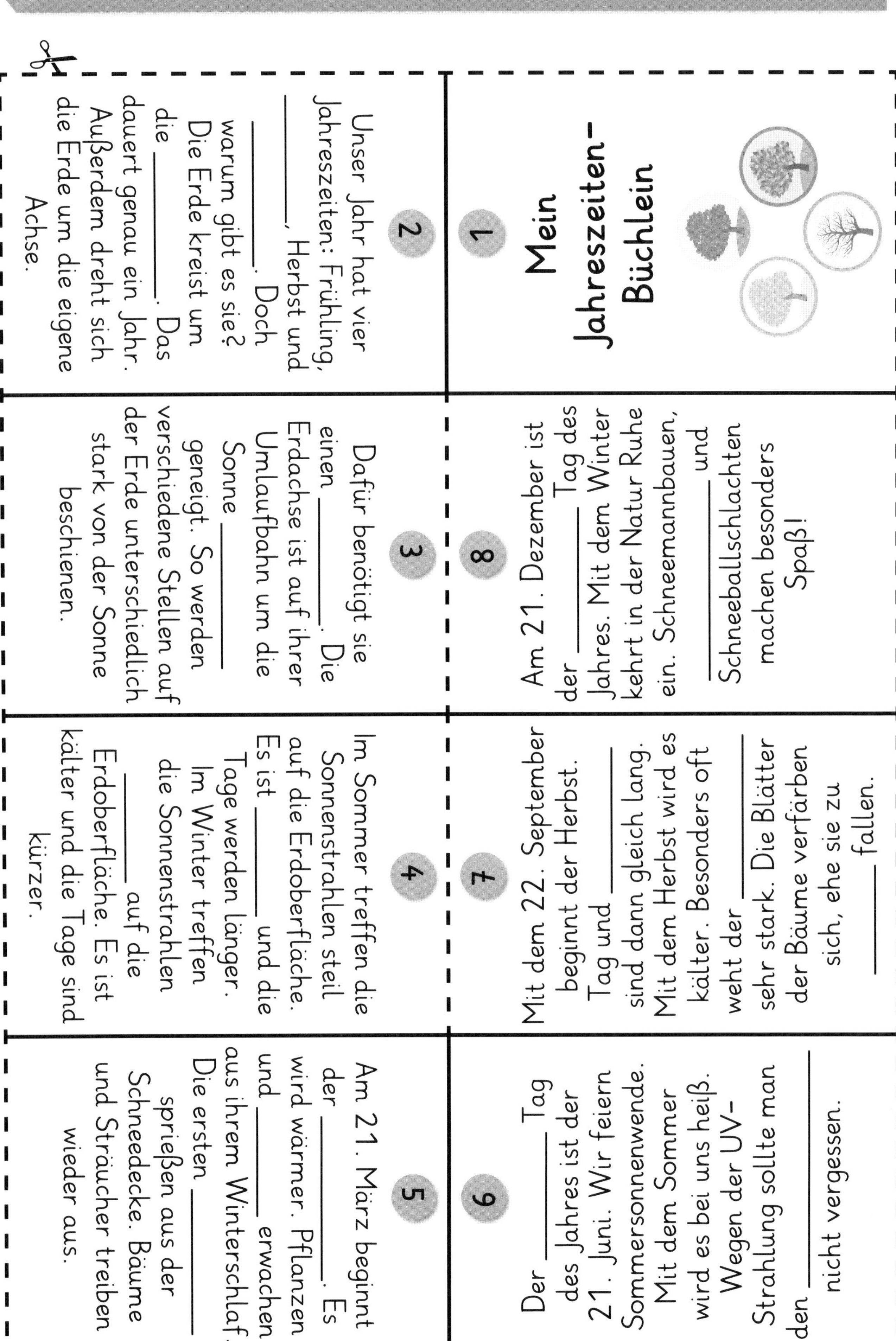

Das Wetter und die Jahreszeiten

Durch den Klimawandel hat sich das Wetter auch etwas verändert. Doch wir haben im Sommer keinen Schnee und Frost. Nebel gibt es meist im Frühling oder Herbst.

Schaue dir die Bilder unten an. Male sie auf die Streifen auf der nächsten Seite, so wie du das Wetter in den Jahreszeiten findest.

Sonne

Wärme

wolkig

Regen

Gewitter

Regenbogen

Wind

Nebel

Schneeregen

Schneefall

Eis

Frost

Lapbook Jahreszeiten
Den Jahreslauf kreativ erarbeiten – Bestell-Nr. 13 013
KOHL VERLAG

Das Wetter und die Jahreszeiten

Die Rückseite dieses Feldes an dein Lapbook kleben.